BEI GRIN MACHT SICH IHR WISSEN BEZAHLT

AF140848

- Wir veröffentlichen Ihre Hausarbeit,
  Bachelor- und Masterarbeit

- Ihr eigenes eBook und Buch -
  weltweit in allen wichtigen Shops

- Verdienen Sie an jedem Verkauf

Jetzt bei www.GRIN.com hochladen und kostenlos publizieren

Bibliografische Information der Deutschen Nationalbibliothek:

Die Deutsche Bibliothek verzeichnet diese Publikation in der Deutschen National-bibliografie; detaillierte bibliografische Daten sind im Internet über http://dnb.d-nb.de/ abrufbar.

Dieses Werk sowie alle darin enthaltenen einzelnen Beiträge und Abbildungen sind urheberrechtlich geschützt. Jede Verwertung, die nicht ausdrücklich vom Urheberrechtsschutz zugelassen ist, bedarf der vorherigen Zustimmung des Verlages. Das gilt insbesondere für Vervielfältigungen, Bearbeitungen, Übersetzungen, Mikroverfilmungen, Auswertungen durch Datenbanken und für die Einspeicherung und Verarbeitung in elektronische Systeme. Alle Rechte, auch die des auszugsweisen Nachdrucks, der fotomechanischen Wiedergabe (einschließlich Mikrokopie) sowie der Auswertung durch Datenbanken oder ähnliche Einrichtungen, vorbehalten.

Impressum:

Copyright © 2016 GRIN Verlag
Druck und Bindung: Books on Demand GmbH, Norderstedt Germany
ISBN: 9783668828995

Dieses Buch bei GRIN:

https://www.grin.com/document/445661

Kevin Schulte

Missbrauch der Marktmacht in Oligopolen

GRIN Verlag

GRIN - Your knowledge has value

Der GRIN Verlag publiziert seit 1998 wissenschaftliche Arbeiten von Studenten, Hochschullehrern und anderen Akademikern als eBook und gedrucktes Buch. Die Verlagswebsite www.grin.com ist die ideale Plattform zur Veröffentlichung von Hausarbeiten, Abschlussarbeiten, wissenschaftlichen Aufsätzen, Dissertationen und Fachbüchern.

Besuchen Sie uns im Internet:

http://www.grin.com/

http://www.facebook.com/grincom

http://www.twitter.com/grin_com

Missbrauch der Marktmacht in Oligopolen

Kevin Schulte

Wissenschaftsmethodik: Wissenschaftliches Arbeiten, Zeit- und
Selbstmanagement
1. Semester Betriebswirtschaftslehre

06.02.2017

I Inhaltsverzeichnis

1. Einleitung

Durch den aktuellen Fall von Edeka und Kaiser's Tengelmann, ist die Thematik von Oligopolen in den Medien und der Politik wieder stärker in den Fokus getreten. Tatsächlich sind verschiedene Arten von Oligopolen in weiten Teilen der Wirtschaft vertreten. Bekannte Beispiele hierfür wären Preisabsprachen bei Tankstellen oder bei Stromanbietern. Beides Bekannte Beispiele, die jedoch einen komplett anderen Ansatz verfolgen. Gerade deswegen steht diese Marktform vor allem bei Politikern und Verbraucherschützern häufig in der Kritik. Da es aufgrund von der Beschaffung der Marktform oftmals zu Preiserhöhungen kommt, die über dem Marktüblichen Niveau liegen und denen nur schwer entgegengewirkt werden kann. Bei sehr engen Oligopolen wird deswegen auch häufig von Kartellen geredet. Diese verhalten sich wie Monopolisten um so den Preis und das Angebot frei gestalten können und so den Grundsätzen der sozialen Marktwirtschaft in Deutschland massiv schadet.

Deswegen versucht die vorliegende Arbeit, die vorherrschenden Theorien und Vorgehensweisen von Oligopolen darzustellen und setzt sich mit den daraus resultierenden Problemen auseinander. Zur Veranschaulichung wird sich auch mit der aktuellen Thematik von Edeka und Kaiser's Tengelmann auseinandergesetzt. Daher wird zu Beginn der Arbeit der Begriff Oligopol definiert und die Entstehungsgeschichte/-entwicklung dargestellt. Im nachfolgenden Kapitel wird diese Marktform von Polypolen und Monopolen abgegrenzt. Im vierten Abschnitt, werden die sechs vorherrschenden Theorien dargestellt und Stärken und Schwächen der jeweiligen Modelle aufgezeigt. Auf der Basis wird analysiert wie die Marktmacht Zustanden kommt, sie beeinflusst wird und wie man diese Veränderungen messbar macht. Danach wird auf die verschiedenen Arten von Oligopolen eingegangen und ihre Auswirkungen auf den Markt betrachtet. Dies wird am Beispiel von Edeka und Kaiser's Tengelmann veranschaulicht. Abschließend wird auf die rechtliche Problematik von Oligopolen in Deutschland eingegangen und wie sehr sich die Regelungen im internationalen Vergleich unterscheiden. Zum Schluss wird sich im Fazit kritisch mit den Auswirkungen von Oligopolen auseinandergesetzt und erörtert, welche Gefahren wirklich von Oligopolen ausgehen.

2. Definitionen

Im nächsten Kapitel werden die Begriffe Oligopol, Monopol und Polypol definiert und voneinander abgegrenzt.

2.1 Oligopol

Die Bezeichnung Oligopol stammt aus dem griechischen[1] und setzt sich zusammen aus den Wörtern oligoi und polein und bedeutet wenige Verkäufer. Ein Oligopol ist eine Marktform, bei der wenige große Anbieter, einer Vielzahl von Käufern gegenübersteht. Man unterscheidet grob zwischen Angebots- und Nachfrageoligopol.[2] Die sich jeweils darin unterscheiden von welcher Position das Oligopol den Markt beeinflusst.

Da es keine strikte Abgrenzung gibt, wann man von vielen und wenigen Anbietern auf einem Markt spricht, wird die oligopolistische Interdependenz [3] als Beurteilungskriterium verwendet. Das bedeutet, dass die Veränderung des Preises bei einem Anbieter einen unmittelbaren Einfluss auf den Preis und die Nachfrage bei den anderen Anbietern hat. Diese werden dann wiederum mit Preisangleichungen reagieren um das Defizit auszugleichen und Einfluss auf die anderen Anbieter zu nehmen. Dies hat zur Folge dass er nicht nur die Reaktionen der Nachfrager mit in seine Gewinn- und Preisfunktion mit einrechnen muss. Es müssen auch Parameter mit einbezogen werden auf die man nur indirekt Einfluss nehmen kann und Aktionen der Wettbewerber mit einkalkulieren muss um den Gewinn zu maximieren. Durch den aufkommenden Preiskampf[4], kann es dazu kommen, dass die Anbieter ihre Strategie anpassen und durch Preisabsprachen ihre Marktmacht maximieren und Verluste minimieren wollen. Der eigentliche Wettbewerb verlagert sich dann auf die Produktdifferenzierung und die Qualität der Produkte.

Die Preisstrategien richten sich vor allem danach ob sich die Anbieter auf einen homogenen oder heterogenen Markt befinden. In homogenen Märkten gilt für alle Oligopolisten ein einheitlicher Preis. Im Gegensatz dazu stehen in heterogenen Märkten die Preisstrategie mehr im Vordergrund, weil in diesem Markt die Kundenorientierung im Fokus steht.[5]

---

[1] Vgl. Neumann (1997), S.38 ff
[2] Vgl. Gabler (2017) Oligopol
[3] Vgl. Löchel (2003), S.164 ff
[4] Vgl. Neumann (1997), S.38 ff
[5] Vgl. Löchel (2003), S.164 ff

2.2 Abgrenzung zum Monopol und Polypol

Dargestellt werden die Unterschiede in dem morphologischen Marktformenschema. Für die Unterscheidung ist die Menge der Anbieter, der Nachfragern und deren relativer Marktanteil entscheidend.[6] Grundlegend werden drei Marktformen[7]: Monopol, Oligopol und Polypol unterschieden, die jeweils noch um drei weitere Spezifikationen ergänzt werden können. Somit kommt das Modell insgesamt auf neun Möglichkeiten.

Bei einem Monopol[8] handelt es sich um die Marktform, bei der einem einzigen Anbieter viele Kunden gegenüberstehen. Aufgrund der Alleinstellung des Anbieters, konzentriert sich der komplette Markt auf ihn, der somit komplett den Markt beherrscht und Preise autonom gestalten kann. Im Gegensatz dazu stehen in einem Polypol[9] viele Anbieter vielen Nachfragern gegenüber. Der Preis wird durch eine ständige Wechselwirkung zwischen Angebot und Nachfrage gebildet. Durch die hohe Anzahl von Anbietern, ist der relative Marktanteil sehr gering, was zur Folge hat dass auch die Marktmacht gering ist.

Obwohl sich das morphologische Markformenschema durchgesetzt hat, hat es doch auch einige Schwächen.[10] Es lässt sich zwar klar Unterscheiden wann ein Markt nur einen Teilnehmer hat und wann mehr als einen, aber eine nicht wann es viele oder wenige Anbieter gibt. Hierfür benötigt man weitere Kriterien. Ein Instrument ist die Spürbarkeit der Aktionen. Wenn ein Anbieter eine geringe Marktmacht hat und seine Aktionen kaum Einfluss auf den Markt oder seine Wettbewerber hat, befindet man sich in einem Polypol. Ansonsten befindet man sich in einem Oligopol.

Zusätzlich gibt das Modell keinen Aufschluss darüber, was als relevanter Markt zu verstehen ist. Auch hierfür gibt es eine ergänzende Theorie, die sich mit den Substitutionslücken beschäftigt und versucht diese Schwäche zu beheben. Sie besagt, dass im Grunde alle Konsumgüter miteinander konkurrieren, denn alle stehen in Konkurrenzkampf um die Kaufkraft der Kunden. Sie lassen sich lediglich in verschiedene Substitute unterteilen. Die Konkurrenz zwischen Anbietern auf einem Markt ist lediglich größer als zu Anbietern zu einem anderen Markt, Konkurrenz besteht aber trotzdem. In gewissem Maße lässt sich so der relevante Markt grob sachlich, räumlich und zeitlich Abgrenzen. Jedoch liefert auch diese Methode kein ganzheitliches Bild bei komplexeren Märkten.

---

[6] Vgl. Wied-Nebbeling (1997), S.6ff

[8] Vgl. Gabler (2017) Monopol & Neumann (1997), S.38
[9] Vgl. Gabler (2017) Polypol & Neumann (1997), S.38
[10] Vgl. Wied-Nebbeling (1997), S.9ff

3. Klassische Theorien zur Bildung von Oligopolen

Im folgendem Kapitel, werden die vorherrschenden Theorien zu Oligopolen dargestellt und die Stärken und Schwächen erörtert.

3.1 Das Modell von Cournot

Die Ansätze des französischen Mathematikers Antoine Cournot bilden das Fundament für moderne Preistheorien. [11] Er modellierte einen einstufigen Wettbewerb in homogenen Märkten mit wenigen Anbietern.[12] Betrachtet wird das Cournot-Modell im Duopol (zwei Anbieter) in denen beide Anbieter darauf Bedacht sind ihren Gewinn zu maximieren.[13] Beide Anbieter legen ihre Produktionsmengen unabhängig voneinander fest und anschließend werden Gewinne und Preise auf dem Markt festgelegt. Jedoch wird die Produktionsmengenentscheidung von dem anderen Anbieter beeinflusst. Hierfür stellt Cournot die Reaktionskorrespondenz auf, in dem er für beide Anbieter eine Reaktionsgleichung aufstellt. Es wird versucht das Cournot-Nash-Gleichgewicht herzustellen. Dies ist der Punkt in der sich beide Anbieter in der bestmöglichen Lage befinden. Das ist die Situation die von beiden Anbietern angestrebt wird. Sobald dieses Gleichgewicht erreicht wird, die Strategie nicht mehr verändert um eine stabile Situation beizubehalten.

Hieraus ergeben sich jedoch schnell einige Kritikpunkte. Die Darstellung, dass Oligopolisten im Mengenwettbewerb auftreten ist eher die Ausnahme und findet deshalb kaum Anwendung.[14] Zudem kalkulieren Unternehmen ihre Preise nicht auf Basis ihrer Absatzmengen und legen dann ihre Preise fest. Für gewöhnlich setzen Unternehmen erst die Preise fest und kalkulieren auf dieser Basis ihre Absatzmengen. Also genau andersherum. Und reagieren entsprechend der Mitbewerber und Kunden auf Preisanpassungen oder Mengenanpassungen. Dies sorgt dafür, dass die Annahme, dass Wettbewerber nicht aufeinander reagieren realitätsfern ist.

3.2 Das Modell von Bertrand

Ebenso gilt die Theorie des französische Mathematikers Joseph Bertrand als zweites Fundament für moderne Preistheorien.[15] Die grundsätzlichen Annahmen sind dieselben wie bei Cournot. Auch Bertrand modellierte einen einstufigen Wettbewerb mit nur

---

[11] Vgl. Richter (1954), S.13
[12] Vgl. Gerlach (2010), S.27
[13] Vgl. Riechmann (2014), S.114
[14] Vgl. Gerlach (2010), S.28
[15] Vgl. Gerlach (2010), S.27

wenigen Anbietern auf einem homogenen Markt. Sie unterscheiden sich darin, dass die Absatzpreise im Bertrand-Modell festgesetzt werden und sich aus ihnen die Produktionsmenge und der Gewinn ergeben. Es wird davon ausgegangen, dass beide Anbieter identische Grenzkosten haben und sich die Marktnachfrage gleichmäßig auf die Anbieter verteilt. Reduziert nun einer der Anbieter seinen Preis, richtet sich die ganze Marktnachfrage auf den geringeren Preis. Im Preiswettbewerb[16] von Bertrand würde nun wiederum der andere Anbieter seinen Preis soweit reduzieren um den anderen Anbieter zu unterbieten um so die Marktnachfrage wieder auf sich zu lenken. Die alleinige Bedienung der Marktnachfrage hätte eine Gewinnmaximierung zur Folge. Sie würde somit höher liegen als wenn beide Anbieter den gleichen Preis verlangen würden. Die gegenseitige Unterbietung des Preises wird solange erfolgen, bis einer der beiden Anbieter seine Grenzkosten erreicht. Ein Gleichgewicht zwischen den Anbietern liegt erst vor, wenn sich ein Anbieter nicht mehr besser stellen kann. Dies wird dadurch erreicht, dass man sich durch die Grenzkosten nicht weiter unterbieten kann ohne Verlust zu machen. Würde man in diesem Punkt den Preis wieder erhöhen, würde man die komplette Nachfrage wieder verlieren.

Dies führt zum größten Kritikpunkt an dem Modell von Bertrand. Das sogenannte Bertrand-Paradoxon.[17] Es sagt aus, dass keiner der Anbieter Marktmacht besitzt oder ausüben kann, da beide Anbieter ihre Produkte zu ihren Grenzkosten verkaufen müssen. Dies führt dazu, dass dieses Modell so nicht anwendbar ist. Um diese Restriktionen aufzulösen, gibt es verschiedene Weiterentwicklungen dieser Theorie. Eine davon wurde von Francis Edgeworth (1897) aufgestellt. Diese beschränkt die Kapazitäten der einzelnen Anbieter. Dies führt wiederum dazu, dass der kleinere Anbieter bis zu seiner Kapazitätengrenze die Nachfrage zu seinen Grenzkosten befriedigen kann. Ab diesem Punkt kommt es zur sogenannten Residualnachfrage.[18] Ab diesem Punkt wird der größere Anbieter seinen Preis erhöhen um so sein Gewinnmaximum zu erreichen. Dies führt zu positiven Gewinnen abseits der Grenzkosten und ermöglicht so die Ausübung von Marktmacht.

3.3 Das Modell von Stackelberg

Das Modell von dem deutschen Heinrich von Stackelberg ist eine Weiterentwicklung der Modelle von Cournot.[19] Im Gegensatz zu ihnen modelliert Stackelberg einen

---

[16] Vgl. Gerlach (2010), S. 29
[17] Vgl. Schmidt (2012), S. 11-12
[18] Vgl. Gerlach (2010), S. 30
[19] Vgl. Pindyck/Rubinfeld (2009), S.589 ff.

zweistufigen Wettbewerb mit wenigen Anbietern auf einem homogenen Markt. Ausgangsbasis ist, dass der eine Anbieter auf der ersten Stufe, seine Produktionsmenge festsetzt. Auf der zweiten Ebene wartet der andere Anbieter das Ergebnis des Outputs ab und kalkuliert seine Produktionsmenge auf dieser Basis. Dies bringt den ersten Anbieter in eine vorteilhafte Lage, denn er kann doppelt soviel produzieren und macht doppelt soviel Gewinn.[20] Denn egal wie sich der andere Anbieter entschieden hätte, wäre die Produktionsmenge immer hoch gewesen. Dies muss der andere Anbieter als gegebene Tatsache akzeptieren[21] und sich anpassen und weniger produzieren. Auch an diesem Modell gibt es Kritik[22], da im realen Markt nicht eindeutig geklärt ist wer Marktführer und wer Marktfolger ist. Zudem müsste selbst bei der Beantwortung des vorherigen Kritikpunkts hinterfragt werden, wieso es dann nicht zu einem Verdrängungswettbewerb kommen würde.

3.4 Das Modell von Kreps-Scheinkman

Das Modell von Kreps und Scheinkman (1983)[23] ist eine der am häufigsten zitierten Theorien. Ebenso wie Stackelberg modellierten sie einen zweistufigen Wettbewerb im homogenen Markt mit wenigen Anbietern. [24] Auf der ersten Stufe legen beide Anbieter unabhängig voneinander ihre Kapazitäten fest. Mit diesem Wissen legen beide ihre Preise auf der zweiten Stufe fest. Wenn man sich das Ergebnis betrachtet fällt auf, dass die Gewinnfunktion exakt wie beim Cournot-Modell ausfällt nur mit dem Unterschied dass kein Auktionator benötigt wird.[25] Eingeschränkt wird diese Theorie dadurch, dass ein Nash-Gleichgewicht teils nur erreicht wird, in dem man gemischte Strategien anwendet.

3.5 Das Hotelling-Modell

Das von dem amerikanischen Statistiker Harold Hotelling entwickelte Modell (1929)[26] beschreibt die Standortpositionierung von Anbietern in heterogenen Märkten. Beide Anbieter positionieren sich räumlich unabhängig voneinander. Häufig wird Hotelling mit dem „Eisverkäufer am Strand"-Problem [27]erklärt. Bei diesem Problem geht es

[20] Vgl. Pindyck/Rubinfeld (2009), S.589 ff.
[21] Vgl. Pindyck/Rubinfeld (2009), S.589 ff.
[22] Vgl. Lorenz (2011), Modell von Stackelberg
[23] Vgl. Bako/Tasnadi (2014), S.1
[24] Vgl. Norman/Chisholm (2014), S.183
[25] Vgl. Gerlach (2010), S.30-31
[26] Vgl. Schöler (2013), S.26
[27] Vgl. Bröcker/Fritsch (2012), S.99 ff.

darum, wie sich zwei Eisverkäufer (Duopol) auf einem Strandabschnitt von 100 Meter länge niederlassen würden. Angenommen wird, dass die Preise identisch sind, um einen Preiskampf auszuschließen. Dies hätte zur Folge dass am Ende beide Anbieter in der Mitte stehen würden. Eine Verschiebung zum Rand würde dazu führen dass ein Anbieter mehr Kunden gewinnen würde und der andere direkt wieder nachziehen würde. Würde man jedoch unterschiedliche Preise mit einberechnen, würden sich die Anbieter fernbleiben um einen Preiskampf zu vermeiden.

4. Marktmacht

Im nachfolgendem Kapitel wird gezeigt wie Marktmacht gemessen wird und wie Marktmacht definiert wird. Im Anschluss daran werden die Auswirkungen von Oligopolen auf den Markt dargestellt.

4.1 Definition und Messung von Marktmacht

Marktmacht setzt sich aus den Wörtern: Markt und Macht zusammen und bezeichnet die Fähigkeit Macht auszuüben und den Markt zu beeinflussen. Die Marktmacht ist Teil der Wettbewerbstheorie und kennzeichnet den Grad des vorherrschenden Wettbewerbs.[28] Dabei ist erforderlich, dass die Anbieter oder Nachfrager so handeln, dass sie wesentliche Aktionsparameter anderer Wettbewerber beeinflussen können.[29] Je größer die Marktmacht eines einzelnen Anbieters ist, desto geringer ist der Wettbewerb. Abzugrenzen ist Marktmacht jedoch von Marktbeherrschung, denn Marktbeherrscher würden jeglichen Wettbewerb ausschalten.[30]

Der Wettbewerb kann zusätzlich durch einen fortschreitenden Konzentrationsprozess eingeschränkt werden.[31] Als Konzentrationsprozess wird sowohl das Interne als auch das Externe Unternehmenswachstum innerhalb einer Branche verstanden. Sie lassen sich in horizontale, vertikale und diagonale Konzentration unterteilen, die sich entweder auf Vor- und Nachgelagerte Märkte (vertikal), auf demselben Markt (horizontal) oder auf nicht verbundene Märkte (diagonal) beziehen.

Traditionelle Methoden zur Messung der Marktmacht sind daher Konzentrations- und Marktanteilsmessungen.[32] Bei diesen Methoden, werden lediglich die einzelnen Marktanteile der Anbieter aufaddiert. Die europäische Kommission definiert

---

[28] Vgl. Gabler (2017) Marktmacht
[29] Vgl. Feldmann (1984), S.17f.
[30] Vgl. Gabler (2017) Marktmacht
[31] Vgl. Funke (1997), S.7
[32] Vgl. Growitsch/Höffler/Wissner (2010), S.209 ff.

Marktbeherrscher als solche, die einen Marktanteil von mehr als 40% haben. Eine weitere Methode bietet der Herfindahl-Hirschman-Index (HHI) der in Amerika im Bereich von Fusionskontrollen verwendet wird. Hierbei werden alle Marktanteile aufsummiert und quadriert. Das Ergebnis entscheidet dann ob keine (< 1000), eine gemäßigte (1000-1800) oder eine hohe Konzentration (> 1800) vorliegt. Eine andere Herangehensweise hatte Michael E. Porter.[33] Seine Branchenstrukturanalyse dient der Bestimmung der Marktzusammensetzung und seiner Attraktivität, denn für Porter definiert sich Marktmacht als Verhandlungsmacht. In seinem Five-Forces-Modell, bestehen die Verhandlungsmachten aus Kunden, Lieferanten, Wettbewerber, Substitutionsprodukten und Markteinsteigern. Daraus folgt, dass mit steigender Verhandlungsmacht der Lieferanten (Anbieter), die Gewinne der Kunden sinken.

4.2 Auswirkungen von Marktmacht

Wenn ein Anbieter (Einzelbeherrschung) oder eine kleine Gruppe von Unternehmen (Oligopol) sich so viel Marktmacht aufgebaut haben, dass sie eine beherrschende Stellung im Markt einnehmen, kann dieser Anbieter diese Stellung ausnutzen um Macht auszuüben um den Markt nach seinen Vorstellungen zu beeinflussen.[34] Das bedeutet, dass der Marktbeherrscher Entscheidungen trifft, die nicht durch Kunden, Lieferanten und Wettbewerber beschränkt werden können.[35] Auch bei der Art der Marktbeeinflussung wird wieder zwischen vertikaler, horizontaler und diagonaler Konzentration unterschieden.

Vertikale Maßnahmen wirken weniger direkt auf den Markt ein, da sie nicht die Zahl der Wettbewerber reduziert, sondern Wettbewerbsbeschränkende Wirkungen.[36] Dadurch kontrolliert ein Anbieter mehrere Stufen im Produktionsprozess. Dies kann auf mehrere Weisen den Markt beeinflussen. Zum einen kann der Anbieter den Zugang zu Vorprodukten deutlich erschweren in dem sie deutlich teurer mit schlechterer Qualität, verspätet oder gar nicht mehr geliefert werden.[37] Eine weitere Möglichkeit besteht darin, bestimmte Kunden abzuschotten. Ähnlich wie bei dem erschwerten Zugang zu Vorprodukten, wird gezielt der Zugang zu Kunden erschwert, in dem bestimmte Händler bestimmte Produkte nicht mehr erhalten oder nur noch zu sehr ungünstigen Bedingungen. Die dritte Möglichkeit bietet das Nutzen von vertraulichen Informationen

---

[33] Vgl. Boddy (2011), S 371f.
[34] Vgl. Bundeszentrale für Politische Bildung
[35] Vgl. Bundeskartellamt (2012), S.9
[36] Vgl. Bundeskartellamt (2012), S.57f.
[37] Vgl. Bundeskartellamt (2012), S.59

durch Integration von Lieferanten.[38] Hierdurch bekommt der Anbieter Zugang zu Informationen über Wettbewerber, die denselben Lieferanten nutzen, um so einen Wettbewerbsvorteil zu erhalten.

Diagonale Maßnahmen wirken auf verwandten Märkten oder bei gleichen Kundengruppen. Wenn zwischen den vorhandenen Produkten ein gewisses Substitutionsmaß herrscht, führt dies zum Verlust von Randwettbewerb.[39] Dies kann außerdem dazu führen, dass durch Bündelung von Kapazitäten die bestehende Marktmacht auf weitere Märkte übertragen werden kann.

Horizontale Maßnahmen wirken auf die Wettbewerbsintensität ein und betreffen die Handlungsmöglichkeiten und die wettbewerbliche Position von Unternehmen.[40] Zum einen kann es zu Expansionshindernissen kommen die nur mit enormen Investitionen überwunden werden können. Weiterhin erhöht es die Marktbarrieren und reduziert somit die Attraktivität für Wettbewerber.

5. Funktionsweisen von Oligopolen

Im folgendem Kapitel wird gezeigt welche Möglichkeiten Wettbewerber in Oligopolen haben ihre Preise zu bilden und auf Wettbewerber zu reagieren. Im Anschluss wird es am Beispiel des Lebensmitteleinzelhandels in Deutschland erläutert.

5.1 Arten der Strategiebildung in Oligopolen

Wesentliches Merkmal von Oligopolen ist, dass nur wenige Anbieter vielen Nachfragern gegenüberstehen und so jeder Anbieter eine gewisse Marktmacht besitzt.[41] Deswegen besteht zwischen den Anbietern eine hohe strategische Interdependenz[42], die es so nur in Oligopolen gibt. Die Anbieter sind sich also bewusst, dass sich ihre Preis- und Mengenbildung auf alle Wettbewerber auswirken.[43] Das sorgt je nach Art des Oligopols zu sehr starkem Wettbewerb unter den Teilnehmern. Korrigiert also ein Anbieter seinen Preis nach oben oder unten, werden die Wettbewerber entsprechend reagieren und ihre Preise ebenfalls anpassen. Auf dieser Basis kann man zwischen verschiedenen Reaktionen der Wettbewerber unterscheiden.

---

[38] Vgl. Bundeskartellamt (2012), S.61
[39] Vgl. Bundeskartellamt (2012), S.65
[40] Vgl. Bundeskartellamt (2012), S.17
[41] Vgl. Mankiw & Taylor (2012), S.435
[42] Vgl. Mankiw & Taylor (2012), S.436
[43] Vgl. Löchel (2003), S.164 ff

Bei der ersten Situation spricht man von Preisstarrheit[44] der Wettbewerber. Bei dieser Form des Oligopols herrscht eine stabile Situation, da keiner der Wettbewerber versucht seinen Marktanteil auszuweiten. Dies hat zur Folge dass auf aktive Preispolitik verzichtet wird da die Anbieter annehmen durch den Preiskampf Kunden zu verlieren. Mit einer Preiserhöhung wäre der Anbieter nämlich alleine. Die anderen Anbieter würden durch die Neugewinnung der Kunden bereits ihren Absatz erhöhen. Bei Preissenkungen hingegen würden die Anbieter allerdings mitziehen, wodurch der einzige Effekt wäre, dass alle Anbieter ihren Gewinn schmälern. Wahrscheinlich würden sie ihn noch unterbieten. Dadurch würde ein enormer Preiskampf ausgelöst und seine Strategie rückläufig werden.

Das Gegenteil zur Preisstarrheit ist der ruinöse Wettbewerb.[45] Ziel dieser Strategie ist seine eigene Marktmacht zu erhöhen und Konkurrenten aus dem Markt zu verdrängen. Dies wird mit dem gezielten Setzen von Dumpingpreisen versucht. Das heißt, die angebotenen Preise liegen unter den eigenen Grenzkosten. Es ist ein reines Verlustgeschäft, aber es wird darauf abgezielt, dass die eigenen finanziellen Polster größer sind, als die der Konkurrenz. Ist die Konkurrenz ausgeschieden, so wird der Preis über den Normalpreis erhöht um die Verluste auszugleichen.

Die wohl bekannteste Strategie ist die Bildung von Kartellen[46]. In Kartellen schließen sich Wettbewerber zusammen um Preise- und Mengenabzusprechen. Daraus resultiert eine Ausschaltung des Wettbewerbs, da die Anbieter eine künstliche Monopolstellung schaffen. Man unterscheidet zwischen Kartellen die auf Vertragsgrundlage geschaffen wurden und von Frühstückskartellen, bei denen lediglich das Verhalten abgestimmt wurde, aber kein Vertrag vorliegt. Durch die Schaffung einer Monopolstellung sind die Teilnehmer in der Lage, höhere Preise widerstandlos durchzusetzen und so ihre Gewinne zu maximieren.

5.2 Am Beispiel des Lebensmitteleinzelhandels in Deutschland

Viele Merkmale von Oligopolen und Kartellen finden sich im deutschen Lebensmitteleinzelhandel. Auf den ersten Blick wird der Eindruck vermittelt, dass es eine Vielzahl von Einzelhändlern gibt die sich im Preiskampf befinden und Kunden mit immer günstigeren Angeboten gewinnen wollen. Doch dieser Eindruck täuscht, viele Einzelhändler sind mittlerweile in Unternehmensgruppen zusammengefasst. So

---

[44] Vgl. Universallexikon (2012): Preisbildung in Oligopolen
[45] Vgl. Universallexikon (2012): Preisbildung in Oligopolen
[46] Vgl. Universallexikon (2012): Preisbildung in Oligopolen

beschränkt sich der Markt auf Edeka-Gruppe (25,3%)[47], Rewe-Gruppe (15,0%), Schwarz-Gruppe (14,7%) und Aldi (11,9%), die zusammen 66,9% des Marktes kontrollieren. Würde man die eingeschlossen Großhändler aus dieser Statistik raus nehmen, würde sich sogar eine noch stärkere Dominanz abzeichnen. Das heißt eine kleine Anzahl von Anbietern, steht einer großen Anzahl von Nachfragern gegenüber.

Um seine Marktmacht weiter auszubauen unternimmt die Edeka-Gruppe seit einiger Zeit Versuche, die angeschlagene Kaiser's Tengelmann-Gruppe zu kaufen. Das Bundeskartellamt sprach sich entschieden gegen diesen Kauf aus. Sie sehen die Gefahr, dass Edeka durch den Kauf zum absolutem Marktbeherrscher in großen Teilen Deutschlands werden kann. [48] Ferner sieht das Bundeskartellamt die Gefahr, dass der Druck auf die Lieferanten durch Edeka weiter steigt und sie zwingt die Lieferpreise niedrig zu halten. Deswegen untersagte das Bundeskartellamt am 31.03.2015 die Fusion von Edeka und Kaiser's Tengelmann[49] mit der Begründung dass Edeka nicht mehr in ausreichendem Maß von den im Markt verbleibenden Wettbewerbern kontrolliert werden kann. Zusätzlich zielt das Verbot auf die Beschaffungsmärkte in mehreren Bereichen ab, da auch hier aktiver Wettbewerb verhindert wird. Dadurch würden die Beschaffungskosten von Edeka so drastisch sinken, dass sie einen erheblichen Wettbewerbsvorteil gegenüber allen anderen Anbietern hätten. Immerhin macht die Beschaffung 70% der Gesamtkosten aus. Dies führt dazu, dass Edeka dies zu seinem Vorteil ausnutzen kann, um seinen Marktanteil weiter zu erhöhen oder die Finanzkraft nutzt um weitere Unternehmen zu kaufen.

Der Zusammenschluss von Edeka und Kaiser's Tengelmann reiht sich in eine Reihe von Konzentrationsprozessen [50] im Lebensmitteleinzelhandel ein. Edeka war in den vergangenen Jahren an mehreren Käufen beteiligt. Daraus lässt sich schließen, dass Edeka die Strategie verfolgt, gezielt enge Wettbewerber mit ähnlichen Konzepten und einem gewissen Wettbewerbspotential zu kaufen und so vom Markt zu verdrängen.

Per Ministererlaubnis[51] wurde das Fusionsverbot von Sigmar Gabriel außer Kraft gesetzt und erlaubte trotz der Einwendungen des Kartellamts die Fusion von Edeka und Kaiser's Tengelmann. Jedoch gilt diese Entscheidung aus genannten Gründen als umstritten, auch wenn Edeka strenge Auflagen erfüllen muss. Im Januar 2017[52]

---

[47] Vgl. Statista.de (2017): Lebensmitteleinzelhandel in Deutschland: Marktanteile führender Unternehmen in Jahr 2015
[48] Vgl. Bundeskartellamt (2015), S 5-70
[49] Vgl. Bundeskartellamt (2015), S.5-70
[50] Vgl. Bundeskartellamt (2015), S.5-70
[51] Vgl. Wieduwilt (2016)
[52] Vgl. Stern.de (2017)

entschied sich letztendlich die Situation von Kaiser's Tengelmann und Edeka begann damit die Filialen umzuwandeln auch wenn knapp 60 Filialen an den Konkurrenten Rewe abgetreten werden mussten.

Dies ist nicht der einzige Fall weswegen der Lebensmitteleinzelhandel in den letzten Jahren aufgefallen ist, seit 2010[53] laufen mehrere Verfahren, wegen Kartellbildung und illegalen Preisabsprachen. Dies trifft zum einen Edeka, Netto, Rewe und Metro, die mit dem Bierbrauer AB InBev Preiserhöhungen für Bierpreise durchsetzten. Die verhängten Bußgelder belaufen sich insgesamt auf 94 Millionen Euro.

6. Rechtliche Regelungen in Deutschland

Rechtlich werden Oligopole in Deutschland im Gesetz gegen Wettbewerbsbeschränkungen (GWB) [54] behandelt. Dieses 186 Paragraphen [55] umfassende Regelwerk, enthält alle Rechte, Pflichten und Verbotene von Unternehmen die sich im Wettbewerb finden. Diese Gesetzt werden von dem Bundeskartellamt geprüft und die Auswirkungen auf den Markt und den Wettbewerb bewertet.[56]

Grundsätzlich sind Kartelle in Deutschland nach §3 GWB verboten. Ausnahmen bilden so genannte Mittelstandskartelle. Das heißt grundsätzliche Preisabsprachen wie bei dem Bierkartell von Edeka sind in Deutschland grundsätzlich verboten. Sie werden mit erheblichen Bußgeldern bestraft. Weiterhin wird in §19 GWB das Verhalten von marktbeherrschenden Unternehmen geregelt. Dieses untersagt Unternehmen ihre Marktstellung auszunutzen um andere Unternehmen zu behindern und den Wettbewerb zu unterdrücken. Als marktbeherrschendes Unternehmen gilt man nach §18 GWB, wenn man einen Marktanteil von 40% überschreitet. Falls dies doch der Fall ist, kann das Bundeskartellamt dies rechtlich unterbinden um den Wettbewerb zu schützen. Ausnahme bildet die in §42 GWB geregelte Ministererlaubnis. Diese erlaubt dem Wirtschaftsminister Entscheidungen des Kartellamtes in Einzelfällen außer Kraft zu setzen, wenn das Interesse der Allgemeinheit im Vordergrund steht und ist immer an Bedingungen geknüpft z.B. den Erhalt der Arbeitsplätze. Ausnahme hiervon bilden Kartelle. Jedoch unterliegt nicht jede Transaktion in Deutschland der Kontrollen des Kartellamtes. Erst wenn die Unternehmen bestimmte Umsatzschwellen oder 25% Stimmrecht eines Unternehmens überschreiten würden, werden sie durch das Kartellamt geprüft, um ihren zukünftigen Einfluss auf dem Markt zu bewerten.

---

[53] Vgl. Stern.de (2016)
[54] Vgl. Heinemann (2002), S.439
[55] Vgl. Juris (2017)
[56] Vgl. Bundeskartellamt (2017)

7. Fazit

Zusammenfassend lässt sich sagen, dass Oligopole häufiger in der Wirtschaft auftreten als man auf den ersten Blick erkennt. Egal ob bei Stromanbietern, Telekommunikation, Öl oder dem bereits erwähntem Lebensmitteleinzelhandel. Selbst wenn Kunden denken, sie würden den Wettbewerb unterstützen, gehören Unternehmen oftmals zu einem Konzern. Ein bekanntes Beispiel hierfür wären Media Markt und Saturn, die sich als Konkurrenten präsentieren und mit erheblichem Marketing um Kunden werben. Jedoch gehören beide Unternehmen zum Metro Konzern. Was zur Folge hat dass egal bei welchem Anbieter man einkauft, das Geld letztendlich beim selben Konzern ankommt. Aber sind oligopolistische Markformen generell schlecht für den Markt und den Verbraucher, wie häufig von Verbraucherschützern dargestellt? Verbraucherschützer sehen in Oligopolen häufig nur die Kartellform. Das heißt sie sehen die Gefahr von Preisabsprachen und den Verlust des Wettbewerbs. Was sich wiederum negativ für den Konsumenten auswirken würde, da so die Preise künstlich hochgehalten werden. Am Beispiel von Edeka und dem Bierkartell sieht man dass diese Befürchtungen durchaus ihre Berechtigung haben und reguliert werden müssen. Auf der anderen Seite sieht man auch an diesem Beispiel, dass man sich ab einer gewissen Größe über diese Regelungen einfach hinwegsetzen kann. Trotz der Warnungen des Kartellamtes und der Monopolkommission durfte Kaiser's Tengelmann von Edeka gekauft werden. Wenn auch nur per Ministerbeschluss. Weiterhin sind selbst die verhängten Bußgelder, gemessen am jährlichen Umsatz nicht besonders hoch. Die Strafe für Edeka, Netto, Rewe und Metro betrug Zusammen nur 94 Millionen Euro, während Edeka alleine 2016 einen Umsatz in Höhe von 24,2 Milliarden Euro[57] hatte. Das heißt die Abschreckungen für Kartellbildungen sind nicht besonders hoch. Vor allem wenn der jährliche Schaden für die Kunden bei über 400 Millionen Euro[58] lag. Also müssten die Strafen für Unternehmen deutlich Höher ausfallen um solche Verhaltensweisen zu unterbinden. Als Verbraucher so ein Verhalten zu boykottieren wird schwer da die Auswahl an Anbietern auf dem Markt sehr beschränkt ist und es meist keine Alternative gibt.

Im Gegensatz zu der Situation in sehr engen Oligopolen können breitere Oligopole durchaus sinnvoll sein und dem Kunden Vorteile bringen. Wenn sich die Oligopole nicht gerade Preisstarr verhalten, sondern aktiv um den Marktanteil kämpfen, unternehmen sie erheblichen Aufwand. Beim Preiskampf zum Beispiel werden die Produkte so günstig dass selbst die Unternehmen Verlust daran machen und im

---

[57] Vgl. Edeka (2017)
[58] Vgl. N-TV (2014)

Endeffekt nur der Kunde gewinnt. Zudem sind technische Innovationen in konkurrierenden Oligopolen häufiger anzutreffen. Bekanntes Beispiel hierfür wären Apple und Samsung, die sich jedes Jahr mit ihren neuen Handys überbieten müssen um für den Kunden attraktiv zu bleiben.

Egal welche Meinung man zu Oligopolen vertritt, sie sind eine der am häufig an zutreffendsten Marktform weltweit und haben somit ihre Daseinsberechtigung. Solange sie sich im Status befinden in denen Wettbewerb noch eine Rolle spielt sind breite Oligopole für die Verbraucher ungefährlich sogar eher noch förderlich. Die eigentliche Gefahr geht von starren Oligopolen und von Kartellen aus. Wenn man diese nicht rechtzeitig erkennt und unterbindet, entsteht ein erheblicher Schaden für den Verbraucher und für den Wettbewerb. Schäden für den Wettbewerb sind teilweise irreversibel, wenn Konkurrenten erst vom Markt verdrängt sind. Das heißt, dass die Strafen für Kartellbildung sowohl im deutschen, als auch im europäischen Recht angeglichen und drastisch erhöht werden müssen. Denn bei aktuellen Beispielen sind die Strafen deutlich geringer als die eingefahrenen Gewinne der Unternehmen.

II. Literaturverzeichnis

Bako, B./Tasnadi, A. (2014) The Kreps-Scheinkman game in mixed duopolies, Covernius Universität Budapest

Boddy, D. (2011) Management An Introduction, Pearson, Amsterdam

Bröcker, J./Fritsch, M. (2012) Ökonomische Georgraphie, Vahlen, München

Bundeskartellamt (2015), Bundeskartellamt untersagt Übernahme von Kaiser's Tengelmann durch EDEKA, verfügbar unter: https://www.bundeskartellamt.de/SharedDocs/Meldung/DE/Pressemitteilungen/2015/01_04_2015_Edeka_Tengelmann_Untersagung.html (03.02.2017)

Bundeskartellamt (2015), Beschluss: In dem Verwaltungsverfahren B"-96/14, verfügbar unter: http://www.bundeskartellamt.de/SharedDocs/Entscheidung/DE/Entscheidungen/Fusionskontrolle/2015/B2-96-14.pdf?__blob=publicationFile&v=3

Bundeskartellamt (2016) Fusionskontrolle, verfügbar unter: http://www.bundeskartellamt.de/DE/Fusionskontrolle/fusionskontrolle_node.html (04.02.2017)

Bundeskartellamt (2012), Leitfaden zur Marktbeherrschung in der Fusionskontrolle, verfügbar unter: http://www.bundeskartellamt.de/SharedDocs/Publikation/DE/Leitfaden/Leitfaden%20-%20Marktbeherrschung%20in%20der%20Fusionskontrolle.pdf?__blob=publicationFile&v=12 (03.02.2017)

Edeka-Verbund (2017), Presse, verfügbar unter: http://www.edeka-verbund.de/Unternehmen/de/presse/newsservices/presse_3/presse_detail_gruppe_909378.jsp (04.02.2017)

Feldmann, B. (1984) Unternehmenskonzentration, Marktmacht und Lohnniveau: Eine empirische Untersuchung, Vandenhoek & Ruprecht, Göttingen

Funke, K. (1997) Marktkonzentration in der Abfallwirtschaft im deutsch-französischen Ländervergleich, Technische Universität, Berlin

Gerlach, M. (2010) Markteintrittswettbewerb in homogenen Oligopolen: Ein experimentelles Strategieturnier, Rainer Hamm Verlag, Mering

Gregory, N./Taylor, M. (2012) Grundzüge der Volkswirtschaftslehre, Schäffer-Poeschel Verlag, Stuttgart

Growitsch, C./Höffler, F. /Wissner, M. (2010) Marktkonzentration und Marktmachtanalyse für den deutschen Regelenergiemarkt, Zeitschrift für Energiewirtschaft, Heft 34

Heinemann, A. (2002) Immaterialgüterschutz in der Wettbewerbsordnung, Mohr Siebeck, Tübingen

Juris (2017) Gesetz gegen Wettbewerbsbeschränkung (GWD), verfügbar unter: https://www.gesetze-im-internet.de/gwb/BJNR252110998.html (04.02.2017)

Lietzmann, P. (2016) Einigung im Supermarkt-Streit: Die große Übernahmeliste: Hier wird Tengelmann zu Rewe - oder zu Edeka, verfügbar unter: http://www.focus.de/finanzen/boerse/einigung-im-supermarkt-streit-die-grosse-uebernahmeliste-hier-wird-tengelmann-zu-rewe-oder-zu-edeka_id_6317765.html (03.02.2017)

Löchel, H. (2003) Mikroökonomik: Haushalte Unternehmen Märkte, Gabler Verlag, Wiesbaden

Lorenz, W. (2011) Modell von Stackelberg, verfügbar unter: https://mikrooekonomie.de/Markt-%20und%20Preistheorie/Modell%20von%20Stackelberg.htm (30.01.2017)

Mecke, I. (2017) Oligopol, verfügbar unter: http://wirtschaftslexikon.gabler.de/Definition/oligopol.html (29.01.2017)

Mecke, I. (2017) Monopol, verfügbar unter: http://wirtschaftslexikon.gabler.de/Definition/monopol.html (29.01.2017)

Mecke, I. (2017) Polypol, verfügbar unter: http://wirtschaftslexikon.gabler.de/Definition/polypol.html (29.01.2017)

Mecke, I. (2017) Marktmacht, verfügbar unter: http://wirtschaftslexikon.gabler.de/Definition/marktmacht.html (31.01.2017)

Neumann, U. (1997) Das Marktphasenschema: Eine empirische Überprüfung am Markt für elektrische Haushaltsgeräte, Dt. Uni.-Verlag, Wiesbaden

Norman, G./Chisholm D. (2014) Dictionary of Industrial Organization, Edward Elgar Publishing Limited, Cheltenham

N-TV (2014) Angemessen und notwendig: Bierkartell bekommt ordentlich eingeschenkt, verfügbar unter: http://www.n-tv.de/wirtschaft/Bierkartell-bekommt-ordentlich-eingeschenkt-article12588366.html

Pindyck, R./Rubinfeld, D. (2009) Mikroökonomie, Pearson Studium, München

Richter, R. (1954) Das Konkurrenzproblem im Oligopol, Duncker & Humblot, Berlin

Riechmann, T. (2014) Spieltheorie, Verlag Franz Vahlen, München

Schmidt, P. (2012) Preisentscheidungen in realitätsähnlichen Bertrand-Edgeworth-Oligopolen: Eine experimentelle Untersuchung, Rainer Hammp Verlag, Mering

Schöler, K. (2013) Elemente der Preistheorie, Universität Potsdam

Statista (2015). Lebensmitteleinzelhandel in Deutschland: Marktanteile führender Unternehmen in Jahr 2015, verfügbar unter: https://de.statista.com/statistik/daten/studie/4916/umfrage/marktanteile-der-5-groessten-lebensmitteleinzelhaendler/. (03.02.2017)

Stern (2017) Edeka Übernahme: Kaiser's Tengelmann verschwindet vom Markt, verfügbar unter: http://www.stern.de/wirtschaft/news/edeka-uebernahme--kaiser-s-tengelmann-verschwindet-vom-markt-7261768.html (03.02.2017)

Stern (2016) Edeka, Rewe, Netto und Metro 90 Millionen Strafe - Bierkartell führte Verbraucher hinters Licht, verfügbar unter: http://www.stern.de/wirtschaft/news/edeka--netto--rewe-und-metro--millionenstrafe-fuer-bierkartell-wegen-illegaler-preisabsprachen-6842070.html (03.02.2017)

Wied-Nebbeling, S. (1993) Markt- und Preistheorie, Springer Verlag, Berlin

Wieduwilt, H. (2016), Gabriel überging Zweifel im eigenen Hause, verfügbar unter: http://www.faz.net/aktuell/wirtschaft/wirtschaftspolitik/gabriel-ignoriert-verfassungsrechtliche-zweifel-14381631.html (03.02.2017)

BEI GRIN MACHT SICH IHR WISSEN BEZAHLT

- Wir veröffentlichen Ihre Hausarbeit,
  Bachelor- und Masterarbeit

- Ihr eigenes eBook und Buch -
  weltweit in allen wichtigen Shops

- Verdienen Sie an jedem Verkauf

Jetzt bei www.GRIN.com hochladen und kostenlos publizieren